Runokokoelma
X

Tässä hetkessä
haaveet läsnäolevina kuin aamuisen valon
ohikiitävä häivähdys

Mahdottoman ja mahdollisen rajaa
täytyy koetella

ja sitä mitä ei voi muuttaa
pitää oppia rakastamaan sitäkin enemmän

Mikael Wirranmaa

Runokokoelma X

Kustantaja: BoD – Books on Demand, Helsinki, Suomi

Valmistaja: BoD – Books on Demand, Norderstedt, Saksa

ISBN: 978-952-339-551-0

X

- OSA I -

I

Aamulla herään väsyneempänä

Sinä olet etääntynyt
        pakenet jonnekin
mihin minulla ei ole pääsyä

Pelkään hintaa
jonka joudumme maksamaan

Väsymys kasvaa aamu aamulta
        koetan kertoa sinulle siitä

En kuitenkaan osaa enää tuottaa sanoja
joita ymmärtäisit

Etsin sinua
voimani eivät riitä perille asti

Kahvi maistuu kitkerämmälle joka aamu

Minua muistuttava haamu koettaa selvitä
elämästä

väsyneenä ja vihaisena
tyhjänä ja neuvottomana

Kahvin voimalla sitä ei saa enää lihaksi ja luuksi

vain kalpeammaksi varjoksi aina
junan lähtiessä aamulla asemalta

II

Savu, joka jylisee

Reunalla josta vesi syöksyy alas
        vaihdoimme ikuisuuden symboleja

Toinen oli keskeltä kahtia
            kannoin sitä aarteenani

Rikkinäinen ikuisuus mukanani
            iskut ja kolhut kuvana suhteesta
                    jota se symboloi

Harkitsen vaeltavani takaisin alkulähteille
        heittäväni sen siirtymäriittinä

                Nousevan savun syvyyksiin

III

Rakkautta ja turvaa merkinneet kasvot
muuttuneet vieraiksi

Edessä läpipääsemätön muuri

Sanani häviävät ilmaan
kenenkään niitä ymmärtämättä

päätös on tehty
ei valitusoikeutta

Koetan huutaa tuskaani ulos
se päästää kaiken vain leviämään

Viha ja suru kietoutuvat vyyhdeksi
jonka solmut kuristavat armotta

Maailman surrealistiset kasvot katsovat
silmiini ilman myötätuntoa

IV

Aika pysähtyy

Hengittäminen muuttuu vaikeaksi

kumpi on vahvempi
        viha vai kyyneleet

Ne purkautuvat kaaoksena
        joka ei helpota oloa

Luhistun maahan
        kylmä lattia selkäni alla

Mieli muuttuneena synkäksi kuin
        ympäröivä yö

        ei ulospääsyä

Harvoja hetkiä elämästä jättäisin väliin
        nämä erottuvat niistä

ehkä jonain päivänä voin lämmöllä ajatella
        välttämättömyyttä

Nyt ei kuitenkaan ole aika
        haavat vuotavat vielä

V

Vailla sanoja
Tyhjä sisin täytettynä
        huomisesta
                jota ei koskaan tullut

Ahdistus saapuu yön edetessä

kyyneltenvirta kuljettaa itkemättömiä
        alkuperää ei voi enää tunnistaa

huokaus takertuu kurkkuun

        vain tupakan savu huutona
        kohti taivasta

VI

Myöhäinen ilta

Avaan oven hämärästä rappukäytävästä
pimeään asuntoon
lattialla kirje

Papereissa kaksi nimeä
Ennen kaikki yhteistä
nyt enää sukunimi

haalistuvana muistona
menneestä

En osaa itkeä enkä iloita

sisällä syvä suru
koteloituna
ei löydä tietä ulos

Aamupalan jälkeen ennen kaksi mukia
vierekkäin
tiskipöydällä kiinni toisissaan

Nykyään yksinäinen tiskialtaassa
vain puoliksi juotuna

VII

Vanhoja tavaroita

papereiden keskellä
tuhottavaksi menevien joukossa

Sanoja menneestä elämästä

Tänään olen kadottanut ja eksyksissä
etsin löytämättä

Tuntemattomassa toivo lohtuna

VIII

Olen kirjoittanut vuosia
        siitä ymmärrän vain vähän

Tarkoitusta olen etsinyt kauemmin
                ymmärrän vähemmän

Taaksepäin katsoessa näen kuitenkin
        itseni selvemmin

Siksi luotan johdatuksen paljastuvan
        reitin päässä
                tuntemattomassa
                jossakin

IX

Muistan sinua yksin tyhjässä kodissa
        kirjoitan sanoja
                jotka saisivat sinut turhautumaan

arjen harmaita sävyjä
        aamunvaaleista
                unettomanyöntummiin

Toivon elämällesi kaikkea hyvää
        tummista päivistämme huolimatta
        välillä se on vaikeaa
                tyhjässä kodissa
Yksin

X

Yöllä herään
ihmettelen sängyn tyhjää puolta

Etsin
itsekkään tietämättä mitä

Hetkessä mennyt iskee tajuntaani
kuin ymmärtäisin sen

ensimmäistä kertaa

käyn takaisin nukkumaan
Suru täyttää sängyn tyhjän puolen

XI

Kiuas napsahtelee
tulen humina uunissa
kädessäni viileän oluttölkin pinta

Nojaan lämpimään puuseinään
saunan hämärä

Kaipaan

X

- OSA II -

I

Herään ilon ja surun rajamailla
paikassa jossa salatut tunteet pyrkivät pintaan

aavistus

Ilo ja suru profeetan sanoissa
liittyvät kuin virtaavat vedet
erottamattomiksi

Tunteet häivähdyksenomaisina
toivoa antaen

luvaten kipeällä tavalla
toipumisen olevan käynnissä

Aika ei kuitenkaan ole täysi
matkaa on jäljellä

Kivun ja surun kautta kasvaa tai tuhoutua

Nousta tuhkasta kuin feenikslintu
tai jäädä hiillokseen makaamaan
polttavaa kuumuutta kiroten

II

Viha kolkutti ovelleni
en halunnut päästää sitä sisään

Se ilmestyi eteeni yhä uudestaan

luovutin ja kutsuin sen elämääni

Päivä päivältä viha pieneni
kunnes se oli enää yksinäisyyttä

itkevä lapsi

Suru saapui paikalle ja tunnisti vihan omakseen
otti syleilyynsä ja tuuditti uneen

Se viipyi luonani pitkään
samalla heräävää vihaa hoitaen

Kauniina keväisenä aamuna hyvästelin surun
se lähti viha mukanaan

Minä itkin
kuin parhaat ystäväni menettäneenä

III

Käännän katseen menneeseen

Mielessä tapahtumat etsivät itselleen merkitystä

ajassa ennen
jota ei voi enää muuttaa

Ne ovat pysyvästi osa minua
ja sinua

Ei turhia taakkoja
ne on hylättävä

Raskasta tietä kulkien aion löytää
salatun

IV

Otan käteeni kirjan
        luen useamman luvun
                kunnes huomaan

En ole koskaan ymmärtänyt siitä sanaakaan

Enää en edes halua
        siitä ei löydy vastauksia
                vain toisen ihmisen hahmotelma

                Kartta todellisuudesta
                kaavakuvatasolla

        Mystikoiden jalanjäljet kivisellä tiellä
                kirjoitettuna tuuleen

        Elämää ei voi hallita

                        vain elää sydänjuuriaan
                        myöten inhimillisenä

V

Syvyys
tumman puhuva ja kylmä

Vastaan taistelu uuvuttaa
        annan virran viedä

Ambivalenssi

Pelkään
    hukkuvani

            ilman ei voi ymmärtää
            itseään syvempää

VI

Etsin vastauksia
    kysymyksiin
        joita en ole tajunnut vielä kysyä

Opettelen elämään hetkessä
    takertumatta

Heräämään aamun nousuun
    muistamatta mitään edellisestä

        tai seuraavasta

VII

Herään auringon ensisäteisiin
Sisällä jotakin tuttua

muisto niin kaukainen
että en osaa sitä nimetä

Valon päästessä tajuntaan havahdun

Kipu hellittää

VII

Kaadumme ja nousemme

    itkemme ja nauramme

hengitämme ja lakkaamme

    pyhyyden
      ympäröimänä

VIII

Kiuas napsahtelee rauhoittavasti
tulen humina uunissa
Kädessäni viileän oluttölkin pintaa koristaa vesipisarat

Nojaan lämpimään puuseinään ajatuksissani
Saunan hämärä ja hiljaisuus parantaa
mieli on tyyni ja raukea

Kaipaan tuntematonta

X

- OSA III -

I

II

III

IV

V

Uusi aamu

aika täyttää
tyhjät sivut

Olen valmis.

MUUTTOLINTU

Herään kellon soittoon
        pimeys polttaa verkkokalvoja

Numerot kellossa antavat ymmärtää
        aamun alkaneen

        Välittäjäaineeni elävät
        eri aikavyöhykkeellä länsimaisen
        oravanpyörän kanssa

                Ne näyttävät kalenterista
                aamun alkavan keväällä

Kaivan peiton alle pesää talviunta varten
        se romahtaa päälleni

        Henkeä haukkoen kaivaudun pimeän alta
                sängyn reunalle istumaan

Syksyn ensimmäiset pakkaset
            kihelmöivät iholla

lätäkön pinta muuttunut
ohueksi jääkerrokseksi

Rikon sen varovasti
            aamu avautuu kirkkaana

Kohta on aika

Melankolinen mielenlaatu
alkaa valmistautua
        pimeyden kahleiden
                kohtaamiseen

                Joskus pelkään niiden
                musertavaa painoa

Jäätyneet lehdet asfaltin pinnalla

niitä ei voi kerätä
kadottamatta jäistä kauneutta

Lähteminen ei tee minua onnelliseksi
mutta en voi myöskään jäädä

Afrikan yön äänet kuuluvat kaukaa
kutsuna jota vastaan on vaikea taistella

Makaan jäätyneellä nurmikolla
        kuura peittää ruohon korret

Viimeiset muuttolinnut
        ääntelevät yli lentäessään

"On aika lähteä, olet jo myöhässä
        meidän lajimme ei selviä
            täällä talven yli"

Levitän siipeni ja liityn parveen

Tähdistä suunnistan kohti
        savannien punaista hiekkaa

Yöllisellä taivaalla
    näen häivähdyksen toisesta

        Levoton muuttolintu jonka vaistot
        eivät löydä määränpäätään

    Onko parempi yksin lentää kohti yötä

        kuulen vierellä lentävän
                ajatukset viiman takaa

        "Vain kysymättä jättämällä
            vastaat väärin"

Taivaalta näen yksitellen syttyvät nuotiot
            tulen loimu antaa merkin
            olen perillä

Matkan uuvuttamana jään makaamaan puun alle
            nuotion läheisyyteen

Aamun hetkellä vaivun uneen
            säteiden kohdatessa taivaanrannan valon

            se pakenee

Sateen tuoksu ilmassa
        täällä se on erilainen

        palaan mielessäni aamuun
                jolloin tunsin sen ensi kertaa

Nämä hetket eivät koskaan kestä kauan

        Niistä ei voi löytää kotiaan
                vain nähdä vilauksen siitä

                mitä on etsimässä

Ihmiset eivät täälläkään tunnista minua
yhdeksi omistaan

Olen muuttolintu jonka päämäärä
on aina matkalla

Sade ja tuuli viiltävät
valot heijastuvat märästä maasta

Ihmisten reitit kohtaavat
        osan kanssa jaan hetken
            kunnes tiemme
            erkanevat

Jokaisen hyvästelen lämmöllä
        oli taipaleemme sitten
            myrskyinen tai tyyni

Puristan itseni tiukemmin takin alle
        jatkan matkaa

    Sataa

Afrikan viileä aamu herättää minut unesta
koetan kietoutua tiukemmin huopaan
uni karkaa silmistäni

Lähden kävelemään pitkin punaista hiekkaa
valo lisääntyy hetki hetkeltä

Lintujen äänet kuuluvat puiden oksilta

"Talvea on jäljellä, vielä ei ole aika
et voi tehdä tänne kotiasi
mutta et myöskään palata

Kotisi on kaipuu
kaikkialla"

Kuulas valo oksistossa
joskus koko maailma oli tässä

Muistan pohjoisen pakkaspäivät
            lumen peittämät oksat
            kimalluksen

Koetan uudestaan oppia elämään

Kaipuu huutaa tähtitaivaalta:

        "Kamppailu on turhaa,
            jättäydy kannateltavaksi".

Liekit välkkyvät nuotion loimussa

Kaipuu kiertyy ketjuksi
        joka hiertää muistuttaen
        olemassaolosta

Rumpujen kumina ja nuotion liekit
        helpottavat ikävääni

                En ole vielä perillä